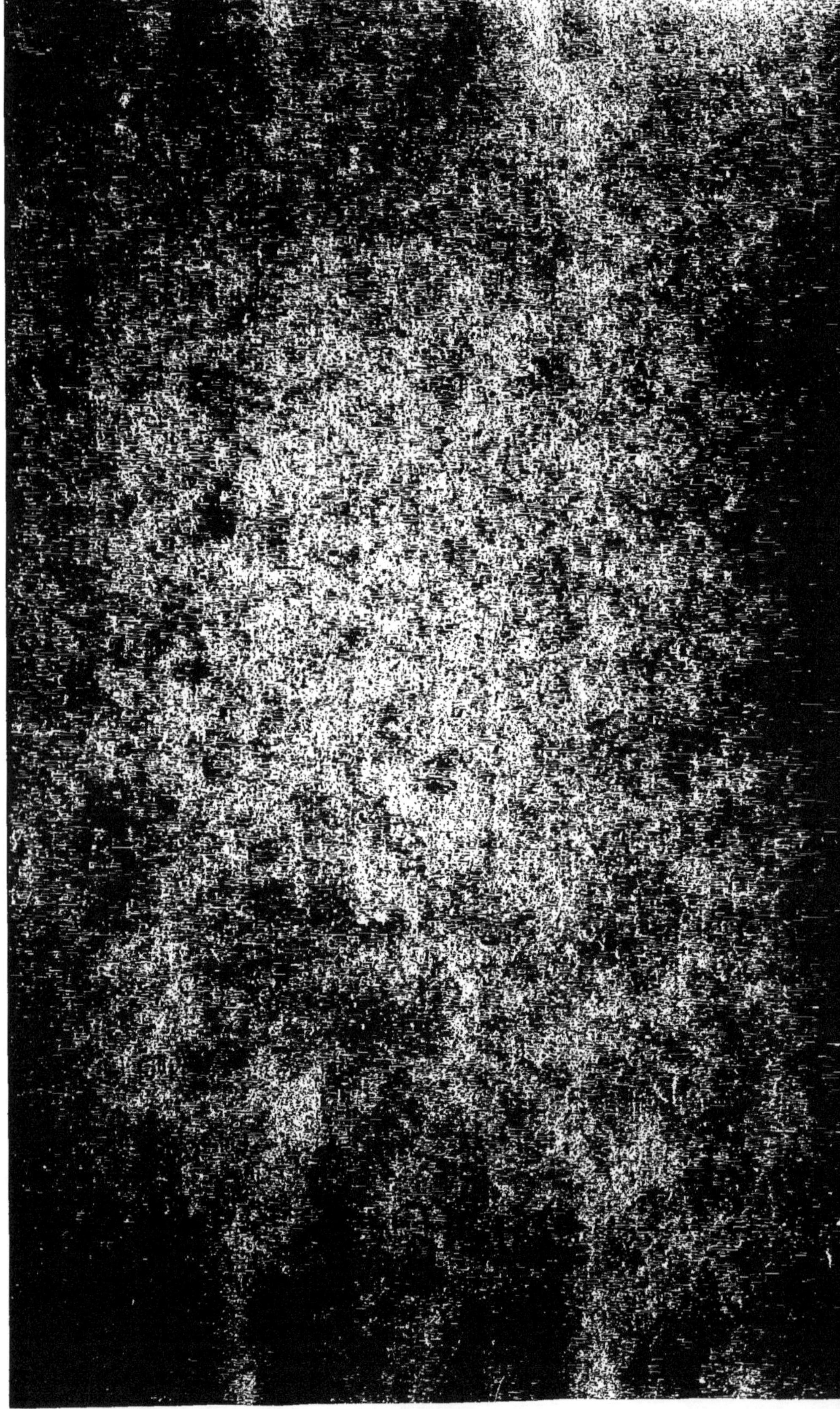

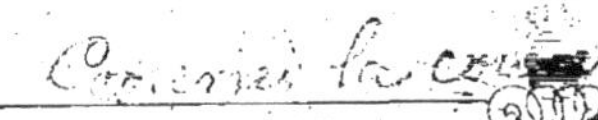

ENCYCLOPÉDIE
BIOGRAPHIQUE
DU XIXe SIÈCLE.

DEUXIÈME CATÉGORIE :

Fastes de la Pairie.

PARIS,

ADMINISTRATION GÉNÉRALE,

RUE DE SÈVRES, 21.

—

1842.

FASTES DE LA PAIRIE.

M. BOYER.

M. Boyer (Pierre-Joseph) est né à Toulouse en 1754. Son père, l'un des plus illustres capitouls de cette ville, le destina à la magistrature; et, en effet, le jeune Boyer, à peine âgé de dix-huit ans, cueillit ses premières palmes oratoires au parlement de Toulouse. Cependant il fut pris du désir bien louable de fortifier son talent sur une scène plus vaste et sous les yeux des avocats les plus renommés. En 1781, il vint à Paris, où ses succès ne furent pas moins brillants que dans sa ville natale.

Un heureux hasard ne tarda pas à rapprocher M. Boyer du duc de Penthièvre, homme généralement estimé pour ses hautes qualités. Ce prince, qui était alors grand amiral de France, prit en affection le jeune avocat et le chargea de sa correspondance avec les amirautés du royaume. A la révolution de 1789, la charge de grand amiral et les tribunaux d'amirauté furent totalement supprimés, et après la mort du duc de Penthièvre, M. Boyer, engagé par les liens d'une noble reconnaissance, voua ses services à la duchesse d'Orléans, fille unique du duc; mais il se vit bientôt enlever cette douce consolation; car, en 1792, la princesse reçut l'ordre de quitter la France.

Du conflit révolutionnaire surgit le directoire, et l'on procéda à la réorganisation des ministères. M. Merlin, de Douai, nomma M. Boyer aux fonctions de membre du conseil établi auprès du ministère de la justice, et lui confia ensuite la direction des affaires civiles. Plus tard, M. Boyer fit partie d'une commission de jurisconsultes, chargée de préparer les lois.

Quand le consulat eut remplacé le directoire, M. Boyer fut élevé par le vote du sénat à un siége de juge à la cour de cassation.

La restauration sut apprécier le mérite et les paisibles qualités de M. Boyer. Louis XVIII lui conféra le titre de chevalier de l'ordre de Saint-Michel, et, en 1829, Charles X le nomma à la présidence de la cour de cassation.

Après l'avénement de Louis-Philippe au trône, de nouvelles distinctions récompensèrent les services du savant et du magistrat. M. Boyer fut nommé, par le gouvernement de juillet, pair de France et grand officier de la Légion d'honneur.

Il signala son entrée à la chambre des pairs par un triomphe de tribune qui eut du retentissement dans la capitale. Disons en peu de mots ce qui y donna lieu.

Une des premières lois rendues sous la restauration, nous parlons de celle du 19 janvier 1816, portait qu'il y aurait un deuil général dans le royaume, le 21 janvier de chaque année. Après la révolution de 1830, la chambre élective vota l'abrogation de cette loi. La chambre des pairs rejeta cette mesure, en se fondant sur ce qu'elle pourrait être regardée comme une approbation du régicide du 21 janvier. Ce rejet produisit à la chambre des députés une effervescence telle, que, séance tenante et sans soumettre préalablement le projet de loi à l'examen d'une commission, elle le renvoya non modifié à la chambre des pairs. Là, nouvelle résistance et nouveau renvoi du projet de loi à la commission qui en avait une première fois proposé le rejet. Comme on le voit, une collision était imminente entre les deux chambres et pouvait entraîner des conséquences incalculables. C'est alors que M. le président Boyer rédigea un amendement qui conciliait tous les intérêts.

en adoptant à la fois l'abrogation de la loi de 1816, ainsi que le voulait la chambre des députés, et en renfermant l'expression de la pensée qu'avait émise la chambre des pairs. Cet amendement, pareil à l'épée d'Alexandre, trancha le nœud gordien; car il fut accepté à une immense majorité dans les deux chambres.

En 1834, M. le président Boyer présenta à la chambre des pairs un projet de loi sur les effets de la séparation de corps. Ce projet disait que les enfants nés d'une femme plus de dix mois après la séparation de corps prononcée contre elle pour cause d'adultère ne seraient pas réputés appartenir au mari, à moins de reconnaissance formelle de la part de ce dernier. Cette proposition, accueillie favorablement, fut renvoyée à une commission, dont le rapport élargit même la question, en appliquant les effets de la loi à toutes les séparations de corps, sans distinction de causes. Le projet, soumis à la chambre des députés, fut examiné par une commission, dont le rapport concluait à son adoption; mais, comme le rapport ne fut terminé que quelques jours avant la fin de la session, la chambre ne put y donner suite.

En 1835, M. le président Boyer combattit les amendements de la commission et celui de M. Tascher au projet de loi sur les majorats et les substitutions (12 mars), et parla sur l'article 52 du projet de loi sur les attributions municipales (3 avril). Il fit adopter un amendement à l'article 20 du projet de loi sur la responsabilité des ministres (15 avril 1836), et se mêla à la discussion du projet de loi sur l'exploitation des mines et houillères (10 avril 1837).

La loi sur la compétence de la chambre des pairs et la forme de procéder devant elle souleva, dans la même session, des débats intéressants qui offrirent à M. Boyer l'occasion d'un nouveau succès oratoire. La commission et le projet de loi du gouvernement déféraient à la juridiction de la cour des pairs l'attentat contre la personne du roi, sans mentionner le complot, que M. Boyer proposait d'introduire dans la loi :

« Ces principes, dit-il, cette utilité, cette nécessité d'un débat commun entre les accusés de l'attentat et les accusés du complot, sont les mêmes, quelle que soit la qualité des individus ; car l'intérêt de la justice est le même dans tous les cas, et lorsqu'il s'agit d'un crime aussi grave que l'attentat contre la personne du roi, d'un crime qui attaque au cœur la vie politique d'un pays, les nécessités de la justice repoussent l'idée d'une disjonction fondée uniquement sur de vaines distinctions sociales, et d'après laquelle l'auteur de l'attentat jouirait du privilége de votre haute juridiction, tandis que les auteurs du complot, par cela seul qu'ils appartiendraient à une des classes inférieures de la société, devraient être renvoyés à une autre juridiction. C'est pour prévenir une semblable anomalie que la loi nouvelle doit, selon moi, se prononcer formellement et d'une manière générale sur votre compétence à l'égard du complot, lorsque ce complot a été suivi de l'attentat contre la vie du roi. » (Séance du 15 mai.)

Un mois plus tard (16 juin), M. le président Boyer, appelé à prononcer, à la chambre des pairs, l'éloge funèbre de M. le baron de Cambon, retrouva toute l'énergie de son éloquence pour parler des vertus d'un homme qui avait été son ami, et se montra, dans l'expression de ses regrets pleins d'une exquise sensibilité, le digne interprète de ses honorables collègues. Mais écoutons le vénérable vieillard :

« Je ne peux me défendre, en terminant cet éloge, d'épancher devant vous un de ces sentiments que la perte d'un ami personnel fait toujours pénétrer plus avant dans mon âme. Le baron de Cambon était l'aîné des trois fils de ce premier président du parlement de Toulouse dont j'ai eu l'honneur de vous parler, et dont la bienveillance et les encouragements ont honoré ma jeunesse. Ces trois fils, souvent dans leur enfance je les ai tenus et serrés dans mes bras, et tous trois ont déjà disparu de cette terre où la Providence me destinait à leur survivre. Hélas ! j'étais destiné à survivre à bien d'autres douleurs ! triste condition de cette vieillesse, que, dans les illusions du jeune âge, on ne voit qu'à travers une auréole de bonheur ! Sans doute le courage d'une âme forte peut braver les maux physiques dont elle est si rarement exempte; mais combien sont plus cruels les déchirements successifs auxquels le cœur de l'homme est condamné dans le cours d'une longue vie, la disparition, toujours si rapide, de tous les objets de ses affections. »

Quelles paroles simples et touchantes! comme elles respirent la tristesse et la résignation! On a le cœur serré à suivre ce regard douloureux que le bon vieillard promène lentement sur l'immense horizon de son passé. Et ces souvenirs d'un âge où tout est illusion, et qui, semblables aux rayons du soleil, viennent pour ainsi dire jeter une plus vive lumière sur l'objet de ses regrets! tout cela n'est-il pas empreint d'une poésie mélancolique qui pénètre l'âme profondément?

M. le président Boyer, qui, malgré son grand âge, ne cesse de prendre une part active aux travaux de la chambre des pairs, s'est mêlé encore à des discussions fort importantes, entre autres, celle qui fut soulevée par la loi sur les justices de paix (5 février 1838), et celle de la proposition de la loi sur la Légion d'honneur (8 juin 1839).

En 1840, il prit aussi la parole dans les débats auxquels donnèrent lieu la loi relative au travail des enfants dans les manufactures (6 mars), et le projet de loi concernant les ventes judiciaires (24 avril). Quelques jours après (9 mai), il appuya le projet de la commission sur l'expropriation forcée pour cause d'utilité publique, rédigea le rapport de la loi sur les réfugiés étrangers (2 juillet), et soutint la loi touchant les juges suppléants (11 juillet).

Il serait superflu d'ajouter le moindre éloge au récit d'une carrière aussi longue.

Tout récemment encore, M. Boyer a reçu de ses compatriotes une preuve touchante de la haute estime qu'il inspire. Comme il visitait, à la fin de mai 1842, et en compagnie de M. de Bastoulh, le palais de la cour royale de Toulouse, il entra dans la salle de la première chambre, réunie sous la présidence de M. Martin.

« A la vue du magistrat éminent de la cour de cassation, dit le

Journal de Toulouse, auquel nous empruntons ces détails, M. Martin invita M. Boyer à prendre place dans l'enceinte réservée aux membres de la cour. Après avoir essayé modestement, mais en vain, de se refuser à un hommage si honorable à la fois, et pour ceux qui l'exprimaient, et pour celui à qui il s'adressait, M. Boyer se rendit aux désirs de MM. les conseillers. M. Eugène Decamps plaidait en ce moment une question de droit ancien, et c'est vraiment avec un rare bonheur de pensée et de parole que cet avocat distingué termina sa plaidoirie par l'allusion suivante, au milieu des signes d'une approbation unanime :

« . . . . . Ces principes de notre ancienne jurisprudence, a dit « M. Eugène Decamps, je me félicite, Messieurs, de pouvoir les placer sous l'autorité du jurisconsulte dont les souvenirs pourraient être pour ma cause un vivant témoignage; heureux que la cour, par un nouvel échange de respect et de sympathie, ait pu rappeler qu'autrefois aussi les magistrats du parlement de Paris firent asseoir auprès d'eux notre grand Furgole, moins pour l'associer à leur gloire que pour s'associer à la sienne ! »

Qui n'applaudirait à cette noble ovation, si justement méritée?

« Le bonheur qu'a dû en ressentir M. le président Boyer, termine le même journal, est loin aussi de nous trouver insensibles. Cet illustre magistrat a eu la satisfaction de voir que les traditions d'honneur sont intactes parmi nous ! »

Assurément nous partageons le sentiment d'orgueil qui a dicté ces lignes, expression sincère de notre pensée ; car M. Boyer est un objet de vénération, non-seulement pour Toulouse, mais encore pour toute la France !

D'AUDIFFRET (M. LE MARQUIS).

La maison d'Audiffredi, originaire d'Italie, s'établit au douzième siècle, dans la vallée de Barcelonnette, et y francisa son nom en celui d'Audiffred ou Audiffret.

Sa noblesse a été prouvée par des documents authentiques qui remontent à l'an 1390, ainsi qu'il appert d'une sentence du sénat de Turin, rendue en 1775.

Les titres et actes originaux qui ont servi de texte au libellé de ladite sentence confirment l'existence de six branches :

La première a pour souche Thomas d'Audiffret, chevalier ès lois, gentilhomme de Thomas II, comte de Savoie, et juge de son palais, en 1225, dont on a des actes de 1228 ;

La seconde, dont Pierre d'Audiffret est premier du nom, était établie à Saint-Paul-Trois-Châteaux ;

La troisième, dont Nicolas d'Audiffret est premier du nom, se transplanta successivement dans le Languedoc, dans le Dauphiné, puis à Paris ;

La quatrième, dont Jean d'Audiffret est le chef, avait sa résidence à Nice. De cette branche est issu un rameau que commence Henri d'Audiffret, chevalier, troisième fils du précédent ;

La cinquième, dont Guillaume d'Audiffret, chevalier, est premier du nom ; les marquis de Gréoux, composant le deuxième rameau de cette branche, étaient établis à Marseille ; ce rameau se fond par les femmes dans la maison d'Albertas ;

Enfin, la sixième, dont Jean-Gaspard d'Audiffret est premier du nom, était établie à Aix et Manosque, en Provence.

Il résulte desdits documents, que la maison d'Audiffret jouissait légalement des titres de marquis, comte et baron, depuis plusieurs siècles, ainsi que le prouvent les érections de la baronnie et du marquisat de Gréoux et du comté de Mortiliengo, etc. Ses alliances sont illustres et bien soutenues : nous citerons celles des Tallard, des Villeneuve, des Albertas, des Tarnezieu, des d'Arène, des Castellane, des Rians, des Aimini, des Pontevès, etc., etc. La plupart des membres de cette famille se sont illustrés dans la carrière des armes ; les autres, comme chevaliers de l'ordre du Croissant, de Saint-Louis et de Saint-Lazare, comme ambassadeurs, prélats, généraux d'ordre ou savants, ont mis leurs vertus, leurs talents, leur savoir au service de leur pays [1].

D'Audiffret (M. Charles-Louis-Gaston, marquis), dont il s'agit ici, est né à Paris, le 10 octobre 1787, et appartient à la troisième branche. Il est fils de Louis-Guillaume-Joseph-François, marquis d'Audiffret, et d'Amélie-Catherine le Séneschal. Son père, entré au service, en qualité de cadet (janvier 1766), dans le régiment des gardes lorraines, puis promu au grade de sous-lieutenant audit régiment, en 1768, assista à la campagne de Corse, en 1769.

[1] *Armes de la maison d'Audiffret :* D'or, au chevron d'azur, chargé de cinq étoiles d'or, et accompagné en pointe d'une montagne de trois coupeaux de sable, celui du milieu surmonté d'un faucon du même, la tête contournée et sa patte dextre levée ; à la bordure componée d'or et de sable de 28 pièces. Couronne de comte, surmontée d'un fer de flèche d'or.

Supports, deux faucons ; l'écu de forme ovale, orné de branche de laurier et d'olivier, de sinople. — *Nobiliaire universel de France*, par M. de Saint-Allais, t. XIX.

Devenu, dans ce même corps, lieutenant en 1774, il passa (juin 1779) avec le rang de capitaine, au régiment du roi-cavalerie, dont il obtint la lieutenance-colonelle (1791). Enfin, il avait pris part en qualité de colonel aux expéditions de 1792 et 1793, et avait été blessé de deux coups de sabre au siége de Maëstricht, lorsque la révolution vint lui fermer la carrière des armes.

Mais un revers plus cruel encore atteignit le marquis d'Audiffret et sa famille. La victoire du peuple sur l'antique royauté, en détruisant les priviléges de la noblesse, en imposant si brutalement à tous les citoyens le principe de l'égalité, que le temps et la raison doivent plus sûrement graver dans les cœurs, déplaça aussi les grandes fortunes et dépouilla les uns de leur patrimoine légitime au profit d'autres dont l'ambition et la cupidité passaient pour du dévouement à la chose publique. Les parents de Louis-Gaston d'Audiffret furent au nombre des premières victimes de cette fatale époque; ils perdirent tout leur bien. Ainsi Gaston, qui semblait destiné, en naissant, à vivre au sein de l'opulence, grandit à l'école du malheur. Mais si sa jeunesse ne fut pas entourée des superfluités du luxe, elle fut l'objet des soins les plus tendres, de la sollicitude la plus vive de la meilleure des mères; et son éducation ne se ressentit que d'une façon heureuse du coup qui l'avait privé de son rang et de sa fortune; car elle fut plus solide, sans être moins brillante. Par suite de changements qu'avait subis le gouvernement de la France, il n'embrassa pas comme ses aïeux la carrière militaire, et entra, à l'âge de dix-huit ans, dans l'administration.

D'abord employé à la caisse d'amortissement (octobre 1805), il passa, le 18 août 1808, au ministère du trésor. Louis-Gaston, animé du désir bien naturel de reconquérir la haute position que lui avait enlevée la tourmente révolutionnaire, montra tant d'ardeur et d'aptitude, qu'il parcourut en peu de temps tous les degrés de la hiérarchie administrative. Nommé chef de bureau, le 1er janvier 1812, puis directeur-adjoint, le 1er juin de la même année, il devint, quelques mois après, auditeur au conseil d'État, directeur de la comptabilité générale des finances (22 juin 1814), et reçut la croix d'honneur, le 11 février 1815.

Si M. d'Audiffret dut ses premières fonctions à l'empire, il put sans scrupule accepter également les récompenses que la restauration accorda à ses services dans l'administration. En effet, les sympathies de tout bon citoyen sont moins acquises à telle ou telle forme de gouvernement qu'à la patrie même. Imbu de ces généreux principes, M. d'Audiffret conserva son poste, quand Louis XVIII eut ressaisi le sceptre de ses aïeux, et il continua de mériter, par son dévouement et par son zèle, l'avancement dû à ses utiles travaux.

Le 1er janvier 1816, il fut investi des fonctions de premier commis des finances et accepta celles de maître des requêtes au conseil d'État, le 19 avril 1817. Promu, le 22 mai 1825, au grade d'officier de la Légion d'honneur, puis élevé, le 3 janvier 1828, au rang de conseiller d'État, il obtint la présidence à la cour des comptes, le 29 octobre 1829, et fut nommé commandeur de la Légion d'honneur, le 9 mai 1830, en récompense de sa participation à un rapport remarquable, du 15 mars 1830, publié par le ministre des finances.

Pendant vingt-cinq ans, M. le marquis d'Audiffret mit à profit ses connaissances en matières financières, en les appliquant à l'amélioration du système de la comptabilité publique. Il réussit à faire adopter des simplifications en même temps qu'à introduire des économies dans les diverses branches de l'administration des finances, et créa un mode uniforme d'écritures pour les comptables du Trésor, les administrateurs des impôts, les ordonnateurs des dépenses, et pour les agents chargés de régir les deniers des établissements de bienfaisance des départements et des communes.

Il a eu en outre l'heureuse pensée de dresser, chaque année, un tableau de tous les faits qui importent à la fortune de l'État, pour le soumettre au contrôle public de la cour des comptes et des chambres législatives. Il est facile d'apprécier les conséquences de pareilles mesures, et M. le marquis d'Audiffret prit lui-même, à cette époque, le soin de les développer dans un rapport sur l'administration des finances, adressé à Charles X par le comte de Chabrol, le 15 mars 1830, puis dans une notice sur la Cour des comptes, qui parut en 1831, et fut annexée au règlement général sur la comptabilité publique du 31 mai 1838; travail dont il fournit les matériaux et exposa le plan à une commission spéciale, délibérant sous sa présidence.

La révolution de 1830 trouva donc M. le marquis d'Audiffret investi de la présidence à la Cour des comptes. Pour reconnaître les services qu'il lui rendit pendant une période de sept ans, la dynastie actuelle l'éleva à la dignité de pair, le 3 octobre 1837.

Cet acte de justice offrit à M. d'Audiffret l'occasion d'apparaître sous un nouveau jour et de traiter à la tribune, avec autant d'éloquence que de vérité, un grand nombre de questions financières et administratives.

On n'attend pas de nous assurément une appréciation étendue de ses discours, mais nous citerons ceux qui fixèrent vivement l'attention de la Chambre des pairs.

Il se mêla deux fois à la discussion soulevée par la conversion des rentes (19 juin 1838 et 30 mai 1840).

Organe de différentes commissions auxquelles avait été renvoyé l'examen de plusieurs projets de loi, il rédigea les rapports sur les budgets des dépenses de 1839 (3 juillet 1838); de 1840 (1er août 1839); de 1841 (7 juillet 1840); celui de la loi du sel gemme (6 juillet 1838 et 9 juin 1840); et celui qui concernait les indemnités des colons de Saint-Domingue (7 février 1840).

Le 14 juin 1839, M. le marquis d'Audiffret prononça, sur la réforme de l'ordre de la Légion d'honneur, un discours remarquable, et obtint un brillant succès de tribune à propos de la loi relative à la banque de France (26 juin 1840).

Le 16 janvier 1841, il parla encore, sur les rejets de dépenses prononcés par la législature en règlement d'exercice et combattit avec énergie les fortifications de Paris (31 mars 1841).

Ses discours, en réponse à MM. Pelet de la Lozère et d'Argout, sur les crédits supplémentaires de 1840, produisirent sur ses collègues une impression profonde (19, 21 et 23 mai 1841).

Adversaire du traité de commerce avec la Hollande (23 juin 1841), M. d'Audiffret put aussi développer dans toute leur vérité et leur saine logique ses théories d'économie politique et de finances, lors de la discussion récente du projet de loi relatif à l'exécution des grandes lignes de chemins de fer.

Mais au lieu de nous renfermer simplement dans une froide et imparfaite analyse, nous allons citer des fragments de ce discours, qui nous semble l'un de ses plus beaux titres, et où l'on verra la pureté, la concision et l'élégance du style s'allier toujours à l'élévation de la pensée, à la logique des faits, à la puissance du raisonnement.

Après avoir rappelé que l'équilibre des ressources et des besoins de l'État, un moment obtenu en 1839, s'est tout à coup dérangé le 15 juillet 1840; qu'une épargne de 200 millions fut alors consommée, et qu'une réserve annuelle de 70 millions a été remplacée, à la même époque, par trois découverts, qui doivent nous grever de 313 millions à l'expiration de l'exercice 1842 :

« Au moment, dit l'orateur, où ces charges menaçantes allaient si rapidement épuiser et stériliser les dons de la paix, nous n'avons pas craint de demander à la fierté nationale et à la fortune de la France de s'imposer encore le développement de son état militaire dans l'intérieur, l'extension de ses forces dans l'Algérie, le déploiement de sa puissance maritime, l'accroissement de ses travaux publics; enfin, de voter extraordinairement 225 millions pour les fortifications et le matériel de la guerre, 225 millions pour les ponts et chaussées, et 51 millions pour la construction des ports. Nous avons donc en quelque sorte bravé les événements contraires, et défié le sort qui voulait nous frapper, par des efforts plus puissants que ses coups. Le grand-livre s'est ouvert pour inscrire ces 500 millions que notre patriotisme osait encore demander à la confiance publique. Nous n'avons pas même courbé nos fronts sous ce

double fardeau de 813 millions qui venait appesantir la dette flottante et la dette inscrite, et nous les avons relevés, comme aux jours de l'adversité, devant les espérances d'une réforme prochaine de nos divers services, d'une amélioration probable dans les différentes branches des revenus de l'État. . . . .
. . . . »

M. d'Audiffret signale un déficit de 37 millions en 1843, déficit qu'il pressent devoir se grossir de crédits additionnels.

Il établit que la perturbation des finances reste dans un déplorable *statu quo*, et, tout en acceptant sans contestation, pendant les deux années qui nous séparent du règlement définitif de l'exercice de 1843, les résultats provisoirement annoncés par l'administration, l'orateur ajoute :

« . . . . Je ne saurais marcher avec sécurité dans le champ de l'inconnu et des hypothèses où l'on se plaît à trouver des merveilles que le présent et le passé nous refusent.

« Je ne puis pas oublier aussi promptement les leçons pénibles qui nous ont été données par de récentes épreuves, ni me dégager aussi facilement de la conjoncture embarrassante à laquelle nous paraissons encore enchaînés.

« Ne cherchez pas, Messieurs, dans mes paroles le blâme ou l'excuse de ceux qui portent ou qui ont porté le poids de nos destinées dans les conseils de la couronne; car il serait injuste aujourd'hui d'en accabler quelques hommes d'État pour en soulager la responsabilité commune. Ce n'est pas seulement aux ministres que je m'adressse, pour conjurer les esprits et les consciences, de méditer sur nos engagements actuels avant de nous créer de nouvelles obligations sans gages et sans limites ; c'est à mon pays tout entier que je confie ma sollicitude, et que je demande une inspiration prévoyante et éclairée sur l'importante délibération qui va finir. »

M. d'Audiffret, approfondissant la question des lignes de chemins de fer, en trouve le plan trop vaste et mal conçu, et entame une appréciation consciencieuse des voies et moyens annoncés pour l'exécution de ces nouvelles entreprises. Après avoir essayé de faire pénétrer autant que possible l'exactitude et la réalité dans les résultats provisoires et dans les calculs approximatifs qui servent de base au projet de loi, il propose de substituer un crédit réel en rentes négociables aux voies et moyens non disponibles proposés par le titre 3 du projet, et de consacrer cette disposition, plus nette et plus régulière dans les termes et avec les formes employées par la loi du 25 juin 1841.

« Enfin, s'écrie l'orateur, si l'on objectait à notre dernier amendement, en s'armant encore plus que moi de ma propre sollicitude, que ses dispositions présomptueuses ne triompheraient d'une difficulté que par une autre; que le grand-livre est à peu près aussi engagé que le passif de la situation des finances ; que les rentes constituées ne sont pas plus négociables aujourd'hui que des valeurs payables à échéances fixes ; que nos effets publics n'offrent désormais qu'une ressource difficile à réaliser, et presque aussi fictive que la réserve de l'amortissement; alors je redirais, fût-ce même inutilement, à tous ceux qui nous poussent, sans l'apercevoir, sur la pente rapide du déficit et du discrédit : N'abusons pas toujours de nos plus belles destinées; ne décourageons pas les faveurs de la Providence, et ne tentons pas obstinément des efforts inconsidérés qui nous entraîneraient bientôt à l'impuissance et à la ruine. » (Séance du 2 juin 1842.)

Pour donner un aperçu de l'intérêt qu'il sait répandre par des vues élevées et par de hautes considérations sociales et politiques sur les détails d'une discussion financière, nous emprunterons encore deux citations à ses discours; l'une s'applique à notre système général de contributions, et l'autre aux dépenses des frais de justice.

« Nous ne pourrions aujourd'hui, sans injustice et sans imprudence, dit M. d'Audiffret dans la première question, aggraver

CASTELLANE (M. LE COMTE DE).

C'était une brillante époque celle de l'Empire! La France, arrivée à son apogée de puissance et de gloire, pouvait, du haut de sa grandeur, regarder les peuples de l'Europe courbés sous son sceptre, agenouillés dans le sang et demandant grâce.

Si nous jetions un regard rétrospectif sur les événements qui ont marqué cette période qui s'est écoulée depuis le 18 brumaire jusqu'à la première restauration, nous remarquerions que chaque année nous amenait, avec une nouvelle lutte, une nouvelle victoire. Napoléon eut à combattre, liguées ou séparées, toutes les puissances de l'Europe, grandes ou petites. A la tête de ses soldats, dont il était l'idole, il se jouait des obstacles géographiques, des montagnes, des fleuves, des torrents.

A cette époque à jamais mémorable, la jeunesse française, à peine hors des écoles, s'élançait sous les drapeaux, et suivait avec ardeur et enthousiasme les pas gigantesques de l'empereur. Nul ne voulait rester sourd au cri héroïque de la patrie menacée; chacun voulait, sur les champs de bataille, payer sa dette au pays par un baptême de sang.

Oui, ce fut une époque brillante, celle-là; et ils étaient heureux ceux sur qui se reflétèrent les rayons de cet astre brillant qui guidait les destinées de la France. Le lieutenant-général dont nous allons esquisser la biographie peut, à juste titre, revendiquer une large part dans la gloire de l'Empire, car c'est à ses services, à sa valeur, à son mérite, qu'il dut les distinctions dont il fut honoré.

M. le lieutenant-général comte de Castellane (Esprit-Victor-Elisabeth-Boniface) est né à Paris, le 21 mars 1788, d'Adélaïde-Louise-Guyonne de Rohan-Chabot de Jarnac, et de Boniface-Louis-André, marquis de Castellane.

Cette famille, issue, dit-on, d'un prince cadet de Castille, s'établit en Provence. Elle a été souveraine d'une partie de ce pays.

Le marquis de Castellane était colonel du 6e régiment de chasseurs à cheval à l'époque de la révolution. Il était, au 10 août 1792, maréchal-de-camp, et quitta le service. Député aux états-généraux, il fut de la minorité de la noblesse qui vota pour la réunion des trois ordres, pour la liberté des cultes, et parla pour la suppression des lettres de cachet. Il n'émigra pas, et fut mis en prison pendant la terreur. Le premier consul le nomma préfet des Basses-Pyrénées, et le fit rétablir sur les tableaux de l'armée comme général de brigade. Le département des Basses-Pyrenées conserve encore le souvenir de son excellente administration. Pair de France le 17 août 1815, homme aux idées généreuses et élevées, il défendit à la chambre haute l'inamovibilité des juges, la liberté individuelle et celle de la presse.

Le comte de Castellane, à peine âgé de seize ans, entra au service comme simple soldat au 5e régiment d'infanterie légère, où il devint successivement caporal et sergent. Nommé sous-lieutenant, le 24 février 1806, il passa au 24e régiment de dragons, alors à l'armée d'Italie. En décembre 1807, le général Mouton, depuis comte de Lobau, qui commandait le corps d'observation des Pyrénées, l'appela près de lui; il devint son aide-de-camp et le suivit en Espagne, où il assista, avec son général, à plusieurs affaires sérieuses, entre autres à la bataille de Rio-Secco, au combat de Burgos, où le lieutenant Castellane s'élança seul, au galop, en avant de la colonne d'attaque, sur un canon placé à l'entrée du bois de Gemonal, mit les canonniers en fuite et resta maître de la pièce.

Il suivit le général Mouton à Madrid auprès de Napoléon; mais à la nouvelle que les puissances du nord reprenaient leurs hostilités, l'empereur donna l'ordre à son état-major d'aller l'attendre en Allemagne. Sur ce nouveau théâtre de la guerre le jeune aide-de-camp rendit les plus grands services et par son activité et par son courage. Il partagea les dangers et la gloire de cette mémorable campagne de 1809, qui commença par les glorieuses journées d'Abensberg, d'Ecmulh, de Ratisbonne, d'Essling, et qui se termina par la sanglante bataille de Wagram. L'empereur, à qui rien n'échappait, remarqua la bravoure que le comte de Castellane montra dans cette dernière affaire, et sur le champ de bataille encore fumant du sang de trente mille ennemis, il le décora de la croix de la Légion-d'Honneur. L'aide-de-camp ayant été remercier l'empereur, celui-ci ne lui répondit que par cette exclamation : *brave jeune homme !*

Après la campagne, l'empereur lui confia une mission importante à Bareuth pour le corps du duc d'Abrantès: L'habileté avec laquelle il s'en acquitta lui valut une distinction infiniment honorable : Napoléon le nomma chevalier de l'empire avec une dotation de 2,000 fr. Il fut envoyé ensuite aux rois de Westphalie et de Hollande, pour leur annoncer la conclusion de la paix. L'empereur fut si satisfait de la manière distinguée dont il se conduisit pendant toute cette campagne, que, de retour à Paris, ayant rencontré son père à l'un de ses levers, il lui dit avec cette bienveillance si flatteuse qu'il témoignait toujours quand il parlait de ses officiers : *Votre fils a très bien servi !*

L'année suivante M. de Castellane fut fait capitaine.

Cependant l'empereur de Russie ayant rompu le traité de Tilsitt, Napoléon se prépara à porter la guerre au milieu des provinces de celui qui naguère lui avait juré une paix et une amitié inaltérables. Le capitaine de Castellane fit la première partie de cette désastreuse campagne en qualité d'aide-de-camp du comte de Lobau. Mais ayant été fait chef de bataillon à Moscou par décret du 3 octobre, il passa en qualité d'aide-de-camp auprès du comte de Narbonne. Il prit part aux combats de Witepsk, de Smolensk, à la bataille de la Moskowa, aux combats de Krasnoë, de la Bérésina et à presque toutes les autres affaires qui marquèrent cette expédition. Exposé comme le dernier soldat à la rigueur de la température qui moissonna la plus belle armée que jamais capitaine ait commandée, il eut la main droite gelée à Miedniki. Néanmoins ni son zèle ni son courage ne se ralentirent un instant. Chargé par l'empereur, dès le commencement de la retraite de porter de Troiskoë au château de Gallitzin des ordres au colonel Bourmont, il eut le bonheur de remplir cette mission difficile, car il n'avait avec lui que vingt-cinq lanciers, et il devait traverser un pays occupé par les Cosaques. Son inébranlable fermeté, sa patience, son sangfroid au milieu des fatigues et des privations de cette longue et cruelle retraite, ne contribuèrent pas peu à relever le courage abattu d'une foule d'officiers et de soldats dont le découragement était d'autant plus funeste à l'armée qu'il se communiquait plus rapidement.

En 1813, M. de Castellane fut nommé colonel-major du premier régiment des gardes d'honneur ; neuf ans lui avaient suffi pour arriver à ce grade supérieur, et, si l'on se rappelle qu'il est entré au service en qualité de simple soldat, on comprendra qu'il a dû rendre des services bien signalés, pour atteindre ainsi successivement au grade de colonel-major dans un espace de temps aussi limité. Certes M. de Castellane serait infailliblement arrivé aux derniers grades militaires, si l'empire eut duré quelques années de plus. Mais hélas ! les temps s'étaient accomplis : La nation française payait cher la longue série de ses succès. Vaincue à son tour, elle vit son territoire foulé par ces mêmes ennemis à qui tant de fois elle avait donné des leçons si cruelles. Et celui qui avait vu les rois et les empereurs essuyer de leurs fronts courbés la poussière de ses pieds, fut exilé par eux dans une île trop étroite, hélas ! pour lui, qui ne respirait à l'aise que dans les capitales ennemies.

La restauration se fit sans aucune de ces secousses violentes qui marquent les changements de dynastie. Elle se fit même à la grande satisfaction de la majorité des Français. Depuis longtemps les esprits froids avaient pressenti une grande catastrophe. La froideur et l'indifférence avaient pris peu à peu dans bien des cœurs la place de l'engouement national. Une lassitude générale avait gagné les rangs de l'armée, et la victoire, ce grand ressort de la fortune impériale, avait manqué à son favori. La désaffection avait miné insensiblement tous les corps, elle avait relâché les liens de la discipline, la trahison même était entrée dans les rangs de l'armée par les sommités militaires, par quelques-uns de ceux-là même qui devaient leur fortune et leur élévation à celui qu'ils cherchaient à renverser, parce qu'il n'avait plus ni grades ni honneurs à leur accorder. Les vieux soldats qui avaient fait la conquête de l'Egypte et de l'Italie, ceux qui avaient assité à vingt autres batailles, avaient disparu, et leurs ossements jetés çà et là couvraient les sillons de toutes les contrées de la terre. La masse de l'armée ne se composait guère que de conscrits sans cesse décimés par le fer des batailles, et sans cesse renouvelés par la loi du sang.

Toutes ces causes de dissolution n'avaient pas échappé à la pénétration des puissances étrangères ; aussi se hâtèrent-elles de former cette immense coalition qui envahit la France par toutes ses frontières. Et sans doute qu'elles avaient moins compté sur leur propre force, que sur l'indifférence des Français ; Elles ne s'étaient pas trompées. Et comme nous l'avons déjà dit, la restauration fut accueillie avec des transports de joie indicibles.

Toutefois l'enthousiasme et l'engouement qui avaient salué l'aurore de la restauration ne furent pas de longue durée. A cet air de franchise et de débonnaireté qui avait gagné les cœurs à la cour, succédèrent bientôt la vanité et la défiance. Et déjà les réactions se faisaient sentir ; chaque jour voyait éclater quelque lutte entre les partisans de l'ancien régime et ceux du nouveau ; et cela ne pouvait pas être autrement, vu les circonstances dans lesquelles la restauration s'était opérée. D'abord il y avait en France deux noblesses légales, et partant deux ambitions à satisfaire. Dans l'une on retrouvait la grâce et l'atticisme de l'ancien régime, représentés par des hommes d'une honorable fidélité, et portant les plus beaux noms de l'ancienne monarchie; l'autre n'était composée que de noms obscurs, qui portaient l'audace et la brusquerie de l'empire dans les antichambres du roi. Aussi dès le principe il y eut scission autour du vieux roi Louis XVIII, dans les conseils privés, dans l'armée, dans l'administration, dans le clergé même. De sorte que la France se trouvait divisée en deux camps bien distints, ayant chacun ses feudataires et ses champions. Et quelle que fût la perspicacité du monarque, et ses capacités pour gouverner, il lui était fort difficile de lutter contre cet état de choses.

Mais il était une cause bien plus grave du malaise qui se faisait sentir dès le commencement de 1815. L'orgueil national avait été profondément blessé de voir les armées de la coalition bivouaquer sur les places publiques et devant les Tuileries, pillant à qui mieux mieux nos monuments élevés à si grands frais, dévalisant nos musées, et prélevant, à titre d'indemnité de guerre, un impôt de plusieurs milliards, sur cette France, si peu habituée à obéir à d'autres voix qu'à celle de ses enfants. Et tout cela réuni rendait bien critique la position du chef de l'état. Aussi quelques efforts qu'il fît pour opérer une fusion entre les hommes de l'ancien régime et ceux du nouveau, il s'aliéna les sympathies des uns sans se concilier celles des autres, et quand l'heure du danger sonna, il se vit abandonné de presque tous.

Napoléon dont le regard d'aigle n'avait rien laissé échapper de de cette situation de la France, crut le moment favorable de venir ressaisir un sceptre qu'il avait abdiqué. A la tête de quelqnes braves, qui ne craignirent point de s'associer à sa fortune, et d'en partager les périls, il débarqua sur les côtes de France, et arriva bientôt à Grenoble, où dés forces considérables avaient été rapidement envoyées pour s'opposer à sa marche. Ce fut un moment bien critique pour Napoléon, et une scène bien dramatique à la fois, lorsqu'accompagné de son fidèle Bertrand et du colonel Germanousky, il s'approcha jusqu'à la portée du pistolet d'un bataillon qui lui était opposé par le gouvernement. Quelles eussent été les conséquences de cette témérité, si le fusil du soldat du 5e de ligne n'eut été relevé, en même temps qu'un vieux grognard élevant son schacko au bout de sa baïonnette criait : *vive l'empereur !* Il y eut alors une commotion électrique qui se fit sentir à plusieurs lieues à la ronde, il arriva rapidement de ville en ville jusqu'à Paris comme s'il eut été porté par les nues.

La restauration fut vaincue dès le jour de l'entrée de Napoléon à Grenoble. Les Bourbons furent contraints de repasser les mers, et d'aller demander l'hospitalité à l'Angleterre. Paris redevint bientôt le centre du gouvernement impérial; cette ville toute en émoi, était sillonnée par les nombreux bataillons qui accouraient de tous les points de la France se ranger sous leur ancien drapeau. Si l'empereur, au lieu de temporiser eut profité de l'enthousiasme que son retour avait excité dans les populations, s'il eut adopté le parti de l'invasion immédiate, il eût pu se consolider sur son trône ; il aima mieux attendre que les puissances liguées eussent levé des armées nombreuses, et pussent ainsi commencer les hostilités. Certes Napoléon n'avait pas été arrêté par la crainte d'une bataille, puisqu'il ne se fit pas attendre au rendez-vous que la Sainte-Alliance lui avait assigné dans les plaines de la Belgique. La campagne s'ouvrait sous les plus heureux auspices. les populations se levaient en masse pour suivre le drapeau de l'empereur. Le 15 et le 16 juin, journées sanglantes, tout pliait devant l'armée française. Les champs de Fleurus et de Ligny, illustrés deux fois en vingt ans, avaient bu à longs traits le sang des soldats de Frédéric et de Wellington. Mais le 17 juin, jour d'affreuse mémoire ! le ciel était sombre et triste, la pluie tombait par torrents. Le soleil avait voilé sa face pour ne pas éclairer d'infâmes trahisons. La France fut vaincue ! Cette bataille de Waterloo décida une fois encore, mais pour toujours, du sort de Napoléon. Il fut contraint d'abdiquer une seconde fois son sceptre et sa couronne, et fut mourir à l'île Sainte-Hélène. Cent jours avaient suffi pour reconstituer un grand empire et pour le voir encore crouler !

M. le comte de Castellane gémit des revers de son pays ; il demeura spectateur impassible de la lutte des deux partis dominants. Il ne voulut point profiter, au premier retour du roi, de l'avancecement qui fut donné à certaines coteries ; il resta même en disponibilité jusqu'à la fin de 1815. A cette époque, ses services et non la faveur le firent charger de la formation des hussards du Bas-Rhin (5e régiment). Il s'en acquitta avec tant de zèle et de soins, que bientôt ce régiment fut cité comme un modèle de discipline et d'instruction.

En 1822, comme il était à la tête des colonels de cavalerie de l'armée, il fut appelé à commander les hussards de la garde royale. Par son activité, par ses soins, par une juste sévérité, il donna à ce corps une grande impulsion, et comme ceux du Bas-Rhin, les hussards de la garde royale purent bientôt être pris pour modèles.

En 1824, M. le comte de Castellane commandait à Barcelone une brigade de cavalerie; l'année suivante, à la tête de l'avant-garde de la division de Cadix, composée de deux régiments d'infanterie, de deux de cavalerie et d'une batterie d'artillerie à cheval, il fut chargé d'occuper une vaste étendue de pays et les villes de la baie de Cadix, telles que Puerto-Santa-Maria, Xérès, Lucar, Puerto-Real, et malgré sa qualité d'étranger, il sut se concilier l'estime et l'affection des Espagnols; aussi fut-il vivement regretté, lorsqu'en 1827 il fut brusquement rappelé en France, sur la demande du roi Ferdinand, qui se plaignait des idées constitutionnelles du général et du refus qu'il fit, tout le temps qu'il garda son commandement, de se prêter à des persécutions pour opinions. Jamais rappel ne causa plus d'émoi parmi la population : les habitants, le clergé, les municipalités des villes qui étaient sous son commandement voulurent faire une représentation au roi de France pour le conserver; des adresses furent faites par la junte de Puerto-Santa-Maria. Le ministre de la guerre, M. de Clermont-Tonnerre, s'opposa vivement, dans le conseil des ministres, au rappel du général, dont les services et les intentions lui étaient bien connus. Toutes ces démonstrations vinrent échouer devant la volonté de Charles X; il ne fut même pas accordé un sursis au général, et il rentra en France à la fin d'octobre 1827.

Comme dédommagement, Charles X lui fit offrir le commandement du département de la Nièvre; mais le général ne crut pas devoir accepter. Ce ne fut qu'en 1829 qu'il consentit à se charger de l'inspection de sept régiments. Le gouvernement ombrageux de cette époque ne négligea aucun de ses moyens de tracasseries pour punir le général de ses tendances libérales : c'est ainsi qu'au commencement de 1830 il fut destitué de ses fonctions de membre du conseil-général de l'Allier, parce qu'il avait eu le tort grave de voter pour le député de l'opposition.

Comme bien d'autres, M. le comte de Castellane prévoyait la fin prochaine de la restauration. La voie rétrograde dans laquelle elle s'enfonçait chaque jour ne pouvait lui assurer une longue durée. Il était allé prendre les eaux au Mont-d'Or, lorsqu'éclata la révolution de 1830 ; il se hâta de se rendre à Paris, où le maréchal Gérard, qui appréciait ses qualités militaires, le chargea d'aller inspecter dix régiments et dépôts d'infanterie et cinq de cavalerie. Trois mois lui suffirent pour s'acquitter avec soin de cette mission, que l'effervescence des partis rendait infiniment difficile. L'année suivante, il fut envoyé dans la Haute-Saône en qualité de commandant du département et d'une brigade de cavalerie.

Le mois d'avril 1832, le gouvernement lui confia la 1re brigade d'infanterie et la 2e division de l'armée du Nord, avec laquelle il prit part au siège d'Anvers. L'habileté, le courage qu'il déploya pendant ce siège lui méritèrent à la fin de la campagne la promotion au grade de lieutenant-général.

Vers la fin de 1833, M. le comte de Castellane fut appelé au commandement de la division d'infanterie qui se rendit à Perpignan, et qui prit le nom de division active des Pyrénées-Orientales. Il avait sous ses ordres cinq régiments d'infanterie, deux de cavalerie, deux batteries d'artillerie et deux compagnies du génie. Lorsque le gouvernement créa la 21e division, le mois d'octobre 1835, le commandement lui en fut confié conjointement avec celui de la division active dont il était déjà revêtu. Chargé, de 1834 à 1837, de l'inspection des troupes d'infanterie de la division qu'il commandait, M. le comte de Castellane fit toujours ses efforts pour distinguer le vrai mérite, et jamais, dans les propositions d'avancement, les faveurs ni les protections ne l'emportèrent sur les vertus militaires.

En 1837, le roi, voulant récompenser les bons et loyaux services de M. le comte de Castellane, l'éleva à la dignité de pair de France, et depuis lors, il ne s'est agité à la chambre aucune question concernant l'armée, dans laquelle il n'ait apporté les lumières de son expérience et de son savoir. Nous terminerons cette notice par quelques-uns de ses discours.

A la fin de 1837, il fut envoyé à Alger, à la disposition du gouverneur, qui l'envoya à Bone, où l'on conserve encore aujourd'hui le souvenir de son court passage. Le général Castellane fit assainir la ville, délivrer aux hommes dans les hôpitaux les effets que le gouvernement envoyait en Algérie et qu'ils ne recevaient pas auparavant. Peu après son arrivée, il y eut une amélioration sensible dans les denrées délivrées aux soldats. Il alla à Constantine, à la tête d'une colonne; inquiété par les Arabes, à son retour, il fit, par ses bonnes dispositions, vingt-un prisonniers. Comme il n'avait eu personne de tué ni de blessé, le général Castellane ne vit pas là matière à bulletin.

Cet officier-général aurait désiré rester en Afrique dans une position en rapport avec son grade. Lieutenant-général, on lui avait donné une subdivision à commander. Le maréchal-de-camp commandant à Constantine n'était que de nom, sous ses ordres, et correspondait avec le gouverneur, qui lui envoyait directement ses instructions. Cette position était embarrassante pour le subordonné et inconvenante pour le supérieur; un officier-général d'un caractère élevé ne pouvait donc la supporter. Le général Castellane, à son grand regret, demanda à rentrer en France, et l'obtint.

Le général Castellane pense qu'en Afrique le principal but ne doit pas être de guerroyer, mais de coloniser. Il faut, suivant lui, que le gouverneur, comme les principaux chefs militaires, aient des idées civiles, et que, dans la province de Constantine surtout, il faut aider au commerce, qui y est un moyen d'action et de gouvernement. Aussi les habitants virent-ils avec chagrin le départ de cet officier-général.

Il débarqua à Port-Vendres. A son passage à Perpignan, où il avait été remplacé dans son commandement, un banquet lui fut offert par les principaux habitants de toutes les opinions ; l'esprit de parti avait fait place à l'estime et à la considération dont il jouissait dans ce pays, et qui, depuis, n'ont fait que s'accroître.

Arrivé à Paris, le général Castellane, qui avait mis un grand empressement à s'embarquer dès qu'il en avait reçu l'ordre, fut replacé à la tête de la division des Pyrénées-Orientales ; soldats et habitants le revirent avec une grande satisfaction.

Depuis lors, le comte de Castellane a fait chaque année l'inspection des troupes d'infanterie de sa division, ne s'absentant de son commandement que quelques mois, pour remplir ses devoirs de pair. Le 1er janvier 1840, la division active des Pyrénées-Orientales ayant été supprimée, il resta à la tête de la 21e division et continua à rendre de véritables services dans ce commandement, que sa situation frontière rend important à une époque où l'Espagne est loin d'être tranquille. Il reçut à Port-Vendres la reine douairière d'Espagne, Marie-Christine, lorsqu'elle y débarqua en 1840, après avoir abdiqué la régence. Les différentes commotions politiques qui ont agité la Péninsule ont amené successivement à Perpignan un grand nombre de réfugiés amis ; ministres, officiers généraux, gens considérables de ce pays, tous se louent du noble accueil que leur a fait le général Castellane.

Les régiments sortant de la division Castellane se sont tous distingués en Afrique. On lit dans l'histoire du 2e léger :

« En 1835, le régiment faisait partie de la division active des « Pyrénées-Orientales, et, bien préparé par cette excellente école « d'instruction militaire, il fut envoyé à Oran, pour faire l'expédi- « tion de Mascara. »

Si M. le comte de Castellane est l'idole des soldats, il n'a pas moins d'attachement pour eux. Sévère, quand il s'agit de l'accomplissement des devoirs, il est bon et affable toutes les fois qu'il peut les obliger. Il leur fait donner tous les genres d'instruction : évolutions de ligne, simulacres de siéges, mouvements de guerre, etc. ;

et ensuite, persuadé que pour engager les soldats à travailler, il faut aussi leur procurer des distractions, il emploie une partie de sa fortune en plaisirs uniquement pour eux.

« Le général Castellane, dit la *Biographie des Hommes du jour*, a « la réputation d'un bon soldat, d'un officier-général instruit, ca-« pable, probe, ferme, actif, consciencieux, ayant l'amour de son « métier et de la discipline, esclave de ses devoirs, donnant lui-« même l'exemple de ce qu'il exige des autres. »

M. le comte de Castellane est grand-officier de la Légion-d'Honneur, chevalier de Saint-Louis, grand-croix de l'ordre de Charles III d'Espagne, et commandeur de l'ordre de Léopold de Belgique.

CHAMBRE DES PAIRS.

OPINION

DE M. LE LIEUTENANT-GÉNÉRAL

COMTE DE CASTELLANE,

PAIR DE FRANCE,

Sur le Projet de loi relatif aux Fortifications de Paris.

Séance du 25 *mars* 1841.

Messieurs,

Le projet de loi, tel qu'il est, ne me paraît bon ni militairement, ni politiquement.

Paris, avec une enceinte, vous disent ses partisans, serait imprenable parce qu'il ne serait pas attaqué; on avoue cependant que si on l'assiégeait, sa défense ne pourrait pas être longue. Un ennemi ne fait pas ordinairement ce qui est le plus commode aux troupes qui lui sont opposées : Paris fortifié sera, au contraire, le point de mire de toutes les coalitions.

Si, ce qu'à Dieu ne plaise, les armées étrangères parvenaient à fouler le sol français et à se rapprocher de la capitale, la dévastation des environs, hors de la portée des murailles, serait une ressource pour elles. Il faut créer des obstacles plus éloignés : je conçois des forts à une certaine distance, servant de point d'appui aux troupes agissantes.

Si on construit une enceinte continue, il faudra, pour la défense des places fortes du royaume, 486,750 hommes, Je sais bien que toutes ne seront pas attaquées à la fois; ne plaçant dans celles menacées qu'un quart de troupes de ligne, minimum à adjoindre aux gardes nationales, cela distraira encore 100,000 hommes de l'armée active.

La défense de l'enceinte sera, dit-on, confiée à la garde nationale : je ne mets pas en doute son patriotisme, mais en 1814 peu de gardes nationaux sont allés à la barrière. On ne peut attendre d'hommes réunis à leurs familles la même abnégation que de soldats qui en sont séparés. Figurez-vous trente gardes nationaux rapportés dans une rue avec des bras ou des jambes emportés, les cris des femmes, des enfants. Dans les places assiégées, la population est ce qui donne le plus d'embarras ; on fait sortir les bouches inutiles : cela ne serait pas praticable à Paris; les gens riches l'abandonneraient, la ville resterait livrée à la dernière classe de la société, à des chances d'émeutes et de collisions de tout genre.

On prétend qu'on trouverait moyen d'approvisionner cette immense ville : on ne pourrait pas empêcher le renchérissement des denrées, l'accroissement de la misère par le défaut de travail, les épidémies, suite ordinaire des déroutes.

Dans la retraite de Russie, on appelait les soldats marchant pour leur compte des *amateurs*; dans celle de Dresde, on les nommait *fricoteurs*, et ils étaient nombreux. L'enceinte continue servirait à faire de Paris un très bon nid pour les amateurs, qui préféreraient se refaire de leurs fatigues dans la ville, à rester sur les remparts, où il serait difficile de les retenir.

Après une bataille perdue sur la frontière, l'idée des soldats d'un refuge assuré à Paris affaiblirait nos moyens de résistance, deviendrait funeste; beaucoup ne penseraient plus qu'à y courir au plus vite.

La France a 33 millions d'âmes : le génie du Français le porte à la guerre offensive : c'est à l'idée de celle-là qu'il faut l'accoutumer, chaque nation a le sien; les Espagnols, au contraire, à peine couverts d'un pied de muraille, se défendent à outrance et se persuadent qu'ils y sont à l'abri.

Je conçois des fortifications à Charenton, à Saint-Denis, au mont Valérien, etc. Le mur d'octroi est suffisant, avec la garde nationale, pour empêcher les traînards d'entrer dans la ville. Dans le cas où les armées étrangères arriveraient sous Paris, les hommes les plus valides de la garde nationale auraient déjà été mobilisés.

Les uns, dit-on, comptent trouver dans les fortifications un appui contre l'émeute; d'autres, au contraire, y voient un appui pour. Je ne me demanderai pas qui l'on trompe; peut-être les uns et les autres se trompent.

Je suis convaincu de l'inutilité de cette dépense, qui ruinerait nos finances, suspendrait les chemins de fer, les travaux utiles à la prospérité du pays, au grand déplaisir des départements. Quel que soit le sort de la loi, les fortifications ne s'achèveront pas : les chambres à venir ne voteront pas l'argent nécessaire; les départements n'y verront pas le salut de la France et recommanderont à leurs mandataires de faire cesser cette charge. 140 millions ne suffiront pas; il en faudra bien d'autres.

Sûrement, des places fortes sont nécessaires; mais il ne faut pas leur accorder la priorité sur les armées actives. Donnons à nos troupes une bonne et solide instruction; il y a des personnes disposées à la regarder comme inutile, parce qu'en Afrique on ne fait qu'une guerre de tirailleurs, une espèce de chasse aux hommes sur une grande échelle. La guerre y est terrible par les maladies, par les privations dans les camps ; les officiers attendent vainement depuis longtemps en Algérie, de la justice du gouvernement, un supplément de solde indispensable, et que toutes les nations accordent aux troupes outre-mer. Quant aux combats, ils sont loin d'être aussi meurtriers que sur le continent. Les succès de l'Empereur, de 1805 à 1812, ont été en grande partie dûs à l'excellente instruction du camp de Boulogne, dont la retraite de Moscou a pu seule faire perdre la tradition.

Pour la défense du pays, c'est à rendre notre armée instruite et mobile qu'il faut surtout s'appliquer. Ayez le plus que vous pourrez des rassemblements de troupes dans vos principales places, cela vaut mieux pour l'instruction que les camps, qui durent trop peu; que les officiers-généraux qui les commandent soient en rapports journaliers avec elles et s'en occupent constamment. N'ayez pas une grande partie de votre état-major à pied : les rations ne sont pas votées comme accroissement d'appointements; il faut les augmenter s'ils ne sont pas suffisants.

Que les services dans les chambres ne tiennent pas lieu, pour l'avancement, de services auprès des troupes. Du moment que le pouvoir représentatif se mêle de faire, même indirectement, du pouvoir exécutif, il y a perturbation dans l'État, plus de carrières possibles, car l'intrigue et non le mérite font l'avancement. Le favoritisme parlementaire est le pire de tous, le plus funeste à un état; il n'empêche pas celui de cour, bien moins nombreux et plus éclairé. On parle de la corruption des élections en Angleterre, où les candidats dépensent beaucoup d'argent; le pays n'en souffre pas. Il n'en est pas de même de la corruption par promesses de places. Comme l'humanité n'est pas parfaite, je préfère la première à la seconde.

Occupez-vous sans relâche de la discipline, de l'instruction de l'armée; que, même dans les grades les plus élevés, il ne soit pas égal de bien ou mal servir; que d'appartenir de loin ou de près à un membre l'une des deux chambres ne soit pas un motif d'avancement, alors vous aurez une bonne et belle armée, capable de tout entreprendre. Une marche contraire tuerait toute émulation et y jetterait à la longue le découragement.

Chacun sent, dans l'intérêt de tous, le besoin, non de fortifier Paris, mais le pouvoir, pour que le ministère, en usant librement, supporte avec justice toute l'étendue de sa responsabilité; pour que le roi puisse protéger, dans toutes les carrières, le mérite contre l'intrigue, et traiter chacun selon ses œuvres.

Il me reste maintenant à répondre à quelques phrases des orateurs qui m'ont précédé à cette tribune. Mon noble ami, M. le duc de Broglie, a dit : « Les gouvernements absolus sont toujours plus prêts à la guerre que les gouvernements constitutionnels, qui seront toujours surpris. »

Les gouvernements surpris, messieurs, seront les gouvernements imprévoyants ; je ne sache pas que l'Angleterre ait l'habitude de se laisser surprendre au commencement des guerres. La position géographique de l'Angleterre n'est pas la même que celle de la France. C'est donc pour cela que l'importance de l'armée de terre anglaise est minime, et celle de l'armée de terre en France est très grande à cause de l'étendue de nos frontières. C'est donc pour cela qu'il faut s'occuper beaucoup plus et surtout mieux qu'on ne l'a fait jusqu'ici de notre armée de terre.

L'honorable général Pelet a dit hier, « que, dans le cas où Paris serait sans remparts, il comptait pour sa défense sur les passions populaires. » Les passions populaires, messieurs, elles n'ont jamais engendré et elles n'engendreront jamais que le désordre. Quant aux gardes nationales, on se tromperait fort si on croyait qu'elles peuvent tenir lieu de troupes de ligne. Il serait fâcheux que cette opinion s'établît dans la nation. Les gardes nationales peuvent être un puissant auxiliaire des troupes de ligne; mais un ancien ministre, un administrateur éclairé a dit hier à cette tribune que la qualité des soldats suppléait à leur quantité ; c'est une vérité dont il faut se pénétrer.

L'éloquent orateur, interprète de la minorité de votre commission, a dit :« Il y a 13 millions de dépensés pour l'enceinte, il faut donc la continuer pour ne pas perdre notre argent. « Si l'enceinte est inutile dans le cas où les forts résisteraient, si elle est nuisible dans le cas où ils seraient pris, ce n'est pas, suivant moi, une raison pour ne pas rejeter la dépense. Si un banquier avait dissipé quelques millions dans une mauvaise spéculation, se ruinerait-il pour l'achever, pour avoir le plaisir de prouver qu'elle est bonne? Il faut savoir maintenant si, à la suite de ces 13 millions, nous en donnerons beaucoup d'autres pour avoir le plaisir de prouver l'infaillibilité de messieurs les ministres.

M. le président du conseil a dit hier : « qu'il regardait les fortifications de Lyon comme valant 100,000 hommes, et celles de Paris comme en valant 150,000. » C'est une évaluation comme une autre;

mais dans une guerre offensive, et c'est celle-là qui est dans le génie de notre nation, nous n'aurons pas ce nombre d'hommes en ligne, et même les fortifications de Paris vous forceront à y laisser une armée qu'on trouvera en moins le jour d'une bataille sur la frontière.

Mon Dieu! on peut entasser des millions sous des moellons, et un pays n'être pas défendu s'il n'y a rien derrière. Un grand homme de guerre a dit que de tous les remparts le meilleur était celui d'hommes. Je crois que le grand Frédéric avait raison.

M. le président du conseil nous a dit hier : « que le nouveau ministère devait accepter les marchés passés en vertu d'ordonnance royale et les exécuter. » Je ne trouve pas ce principe parfaitement constitutionnel pour les travaux qui n'auraient pu être entrepris qu'en vertu d'une loi, pour les travaux que des circonstances d'urgence ont excusés. Mais lorsque ces circonstances graves n'existent plus, qu'on ne consulte que les Chambres avant de les continuer, c'est les traiter un peu sans façon.

Je ne chercherai pas quels sont ces marchés, qui seront probablement le sujet d'un examen sérieux. Mais cependant un marché de 25 millions de travaux a été passé avec un sieur Puteaux, un autre de 20 millions avec un sieur Lefort, sans concurrence, à 2 pour 100 de rabais, quand les autres travaux, adjugés avec concurrence, l'ont été à 15 et 17 p. 100. Le ministère continue à faire des marchés, comme si nous ne délibérions pas. Il y a encore peu de jours, il a passé avec M. Lefort un marché de 4 millions, c'est peu de chose, pour le chemin entre Neuilly et Saint-Denis. On a passé des marchés considérables de vins, d'eau-de-vie pour les travailleurs. Enfin, on n'est pas en arrière pour les marchés.

Le projet de loi tel qu'il est sera une source d'embarras pour les ministères présents et futurs. Je dis futurs, non que je désire la chute de l'administration actuelle; mais un ministère qui dure un an maintenant est bien long, et l'instabilité marche vers le progrès. Mais enfin cette loi, telle qu'elle est, est fort impopulaire en ce moment. L'impopularité ira croissant, et dans six mois elle sera immense.

Le ministère paraît, du moins d'après sa conduite, regarder le vote de la Chambre des pairs comme une simple formalité, comme celui d'une chambre qui enregistre des actes. Messieurs, il est de la considération, de la dignité de la Chambre des pairs, en amendant ou en rejetant cette loi, de prouver au pays son indépendance et son entier dévouement aux véritables intérêts de la France.

A défaut d'un amendement plus large, je vote pour celui de la commission.

Séance du 1er avril 1841.

Je demande la suppression du mot *simultanément:* 1° comme nuisible à l'achèvement des travaux, 2° comme portant atteinte à la prérogative royale.

1° Nuisible à l'achèvement des travaux. Le mot *simultanément* force le ministère à en entreprendre beaucoup à la fois. Avec son libre arbitre, il commencera et terminera les travaux importants avec les fonds votés. A la session prochaine les chambres pourront ne pas accorder d'argent pour cet objet. Les départements, qui font la force de la France, et qui se comptent pour quelque chose, pourraient croire que, Paris pris, la France n'est pas prise.

En 1814, lorsque Paris est tombé au pouvoir de l'étranger, la France s'est soumise, parce qu'elle était lasse du régime impérial. En 1815, lorsque Paris a capitulé, le royaume s'est soumis, parce que la nation n'avait pas pris part à la révolution militaire qui s'était opérée.

Si le mot *simultanément* n'est pas retranché, nous risquons de voir des millions dissipés en travaux qui resteront inachevés.

2° Comme portant atteinte à la prérogative royale. La marche des travaux est une affaire purement d'administration. Les ministres, en consentant dans l'autre chambre à l'introduction du mot *simultanément*, me paraissent avoir fait bon marché de la prérogative royale. Les défenseurs nés, obligés de cette prérogative, se croient trop souvent forcés d'en abandonner quelque chose. Je ne parlerai pas plus des ministres passagers sur ce banc, où l'on atteint vite l'âge de la décrépitude, que des ministres passés. Chaque ministère remet à son successeur le pouvoir un peu plus affaibli qu'il ne l'a reçu. Souvent les arrivants ont puissamment contribué à son affaiblissement; les embarras qu'ils éprouvent pour gouverner sont alors les fruits de leurs œuvres. De concessions en concessions, si on continuait à suivre cette voie, je ne sais pas ce qu'il adviendrait du pouvoir royal. Les trois pouvoirs doivent se mouvoir librement dans le cercle que la constitution leur a tracé. Le pouvoir royal est tout aussi nécessaire à la conservation de nos libertés que les autres. Jamais ordre plus positif, plus direct, ne serait signifié par les chambres aux ministres que celui renfermé dans le mot *simultanément*.

Vous, chambre des pairs, essentiellement conservatrice, contribuerez-vous par votre vote, vous associerez-vous à de pareils empiétements sur le pouvoir royal?

Un orateur distingué, mon noble et jeune ami, M. le comte de Montalembert, a répondu hier à l'éloquent discours de M. le ministre des affaires étrangères. Le savant et habile M. Guizot nous avait signalé les inconvénients qu'il trouverait à ce que la loi retournât dans une autre enceinte.

Pour le budget, le vote de la chambre des pairs est déjà une pure formalité. Viendra-t-on à chaque loi nous dire : La loi n'est pas parfaite, vous pouvez l'améliorer; mais prenez-y garde, si vous y touchez, il n'y a plus de loi? Cela nous réduirait à l'état de chambre d'enregistrement. Les corps ordinairement ne s'annihilent pas eux-mêmes. Le public pensait, il y a un mois, que les quatre cinquièmes de la chambre repousseraient la loi. Le vote d'hier a prouvé que le public s'était complètement trompé. Le ministère, pour cela, n'a pas négligé de convertir à son avis ceux d'entre nous qui n'en étaient pas. Il a bien fait, il a usé de son droit. Nous avons eu la satisfaction de voir au milieu de nous nos collègues honorés de missions diplomatiques.

L'un d'eux nous a parlé avec adresse, car sa position était difficile, en sa qualité d'ambassadeur, de l'opinion de la Prusse, de celle de l'Allemagne, je dirai même des opinions de ces puissances, car il nous a avoué qu'il y en avait de différentes.

M. le ministre des affaires étrangères, questionné du haut de la tribune, n'a pas fait usage de sa puissante parole pour répondre; mais un signe approbatif et bienveillant nous a édifiés sur l'accord parfait qui régnait entre le noble pair et l'illustre député.

C'est la première fois qu'on se sert de l'opinion de l'étranger pour influencer une chambre française; on s'était quelquefois plaint d'indiscrétions de ce genre à la tribune; mais jusqu'ici les ambassadeurs ne s'en étaient pas mêlés. J'en demande pardon au ministère, il n'y a pas réfléchi : un pareil moyen d'influence n'est pas français.

Je sais que le succès justifie tout. Le pays nous écoute; réfléchissez, chambre des pairs, si vous croyez utile ou convenable de supprimer le mot *simultanément;* que la crainte de soumettre de nouveau cette loi à l'examen de l'autre chambre ne vous arrête pas. Si une telle crainte décidait du vote de la chambre, je n'hésite pas à le dire, une partie de la considération de la chambre des pairs paierait les frais de la discussion. Ma profonde conviction m'a forcé à persévérer dans mon amendement, ma conscience m'en a fait un devoir.

DISCOURS

Sur le Projet de loi relatif à un appel de 80,000 hommes sur la classe de 1841.

Séance du 20 *mars* 1841.

Les années précédentes, sur 80,000 hommes mis à la disposition du ministre de la guerre, 40,000 étaient immédiatement appelés à l'activité, et les 40,000 autres ne pouvaient l'être qu'en vertu d'une ordonnance du roi. Je ne vois aucun inconvénient à ce que, comme cela est proposé cette année, les 80,000 hommes puissent être immédiatement incorporés sans une ordonnance du roi. Je demande à la chambre de lui donner quelques explications, parce que je ne voudrais pas qu'on pût en induire une approbation du système de congés illimités.

Faire passer les classes en entier sous les drapeaux où elles resteraient à peine quatre ans, dans la vue d'avoir une réserve de vieux soldats, n'aurait pas ce résultat.

Il faut compter pour quelque chose le génie des peuples. Le Prussien renvoyé chez lui revient au régiment sans se plaindre, et reprend ses habitudes militaires. Le Français qui a servi a plus de peine à rejoindre que le jeune soldat; il est plus difficile que lui à soumettre de nouveau à la discipline; il se remet un peu plus vite au maniement des armes; mais les recrues françaises se forment assez promptement, sous ce rapport, pour que la différence ne soit pas bien grande. On ne peut pas avoir de cavalerie, d'artillerie ni de sapeurs du génie avec des soldats passant à peine quatre ans sous les drapeaux. Les compagnies d'élite dans l'infanterie ne seraient bientôt plus composées que de recrues. Les bons sujets ne voudraient plus être ni sous-officiers ni caporaux; ceux-ci s'occuperaient bien davantage, comme les soldats, de l'époque de leur libération. Les hommes en congé illimité, tourmentés de l'idée que d'un moment à l'autre ils peuvent être rappelés, seraient dans une position incertaine qui les empêcherait de prendre avec confiance un état: cette situation dispose les esprits au mécontentement. Au contraire, le jeune soldat qui n'a pas rejoint, quoique à la disposition du gouvernement, ne s'en embarrasse guère. Les officiers, ennuyés du métier d'instructeur, sans résultat pour eux, puisque les soldats, une fois formés, leur échapperaient, perdraient tout amour de leur état. Ce système est d'ailleurs ruineux par les pertes d'habillement avec les congédiés, par les premières mises à donner aux recrues: si vous faites passer 80,000 hommes au lieu de 40,000 sous les drapeaux, pour les seules premières mises aux recrues, cela sera un accroissement de 1,600,000 fr. au budjet de chaque année; puis il y aura les indemnités de route.

N'appelant annuellement sous les drapeaux que le nombre d'hommes nécessaire pour compléter les cadres, s'ils y finissent leur temps de service, vous aurez de bons sous-officiers; les officiers s'attacheront aux hommes qu'ils devront conserver sept ou huit ans. En cas de guerre on appellera les jeunes soldats des classes non libérées. Il serait indispensable d'avoir toujours en magasin, outre l'armement, assez d'effets d'habillement et d'équipement confectionnés pour pouvoir les habiller du jour au lendemain. En attendant, cela dérangera moins d'existences : les jeunes gens restés chez eux continueront leur état; une fois appelés, ils seront meilleurs soldats que s'ils avaient paru sous les drapeaux seulement assez de temps pour y prendre l'amour de l'oisiveté, sans avoir eu cependant celui de se ployer aux habitudes militaires. Avec le système des libérations anticipées, la France finirait par n'avoir que des recrues dans leurs foyers; en un mot, elle n'aurait plus que l'apparence d'une armée.

Si l'on plaçait les troisièmes bataillons dans les chefs-lieux des départements, on retomberait dans les inconvénients qui ont été en partie cause de la suppression des légions de Maréchal Saint-Cyr. On aurait beau mettre les bataillons de dépôt de plusieurs régiments dans certains départements, cela ne remédierait pas à l'inégalité des populations. Il y a de graves objections à la réunion des soldats d'une même province dans le même corps; un régiment détruit à la guerre mettrait tout un département en deuil. La désertion, les complots s'organisent bien plus facilement entre gens du même pays.

Je voterai pour le projet de loi, avec l'espoir que les jeunes soldats appelés accompliront sous les drapeaux la durée de leur service.

OBSERVATIONS

Sur le Projet de loi relatif à l'organisation du cadre de l'État-major général de l'armée navale.

Séance du 10 *mars* 1841.

L'adoption de l'article 1er rend plus nécessaire encore, dans mon opinion, l'adoption de l'art. 2 de la commission. L'art. 1er a créé une énorme disproportion dans le nombre des amiraux, comparativement à celui des maréchaux de France. Il faut au moins qu'il y ait, autant que possible, parité dans les conditions pour arriver aux deux dignités. En créant deux amiraux en temps de paix et trois en temps de guerre. Le nombre des amiraux étant plus nombreux que celui des maréchaux, si, de plus, les conditions sont moindres, il arrivera que deux dignités, égales devant la loi, ne le seront pas dans l'opinion; c'est dans l'intérêt de la dignité d'amiral que je parle. On objecte que les conditions ne pourront pas être remplies: la même chose, après une longue paix, pourrait arriver pour la dignité de maréchal de France.

Alors les vice-amiraux et les lieutenants-généraux commanderaient les flottes et les armées. Avant l'empire on a été longtemps sans maréchaux de France. Le général Bonaparte a acquis de la gloire comme commandant en chef sans être maréchal.

J'aurais désiré qu'on n'eût pas créé d'amiraux, qu'on eût porté le nombre des maréchaux de France à huit, dont un au moins pris dans la marine; et quatorze en temps de guerre, dont deux pris dans la marine.

Le titre de maréchal de France entraîne avec lui un long héritage de gloire de terre et de mer; pour la marine, je le préférerais à celui d'amiral.

www.ingramcontent.com/pod-product-compliance
Ingram Content Group UK Ltd.
Pitfield, Milton Keynes, MK11 3LW, UK
UKHW021136230726
13926UKWH00002B/835